Edition Talberg

Informationen zu weiteren Büchern von Jörn Pfennig

finden Sie hier:

www.joernpfennig.de

Verlag: Edition Talberg 29439 Lüchow

Erstmals erschienen 1993
Herstellung: Books on Demand GmbH Norderstedt
Umschlag: J.Pfennig
ISBN 978-3-943869-15-6

Das Buch

Gedichte zum dauerbewegenden Thema Liebe mögen zeitlos sein. Gedichte zu anderen Themenbereichen wie Politik, Gesellschaft oder Kultur beziehen ihre Wirkkraft hingegen oft auch aus ihrem konkreten zeitgeschichtlichen Bezug.
Insofern ist es für manche Texte vielleicht hilfreich darauf hinzuweisen, dass die Gedichte in diesem Buch am Anfang der Neunziger Jahre entstanden sind (Wiedervereinigung, Krieg in Jugoslawien etc.)

Der Autor

Jahrgang 1944. Jugend in Tübingen. Studium der Theaterwissenschaft in München. Dort und anderswo tätig in diversen Kreativ-Bereichen: Texte und Kompositionen, öffentliche Auftritte und Schallplattenproduktionen als 'Liedermacher', Autor und Moderator bei verschiedenen Rundfunk- und Fernsehanstalten ... Immer schon Jazzmusiker (Klarinette + Saxofon).

Mit dem ersten Buch GRUNDLOS ZÄRTLICH (1979) unversehene Wandlung vom Texter zum Dichter. Noch unversehener: das Buch wird zum Bestseller. Weitere Bücher folgen, Lyrik und Prosa. Parallel dazu verschiedenartige musikalische Projekte inkl. Kombinationen von Musik und Poesie u.a. mit dem Jazz & Lyrik-Trio WAHNDREIECK.

J.P. lebt in München.

JÖRN PFENNIG

Kopfsprünge Herzsprünge

Gedichte

Edition Talberg

I

Da ist, da war
da wird sein
das Beben am Anfang
und am Ende

Gelungener Absturz

Was war das für ein
kerngesundes Chaos
als deine verlorene Vernunft
meinem fluchtbemühten Kopf
die erheblich langen Beine stellte
und wir beim himmlischen Stolpern
die höllischen Vorsätze zertraten.

Da war Musik aus Engelsärschen
in kleinen Wölkchen
so heftig ums Gehirn geblasen
dass nur das Wesentliche
dem rosigen Nebel entkam.

Und als wir - herabgeglitten
von gewissensfernen Gipfeln
auf die Ebene der Gedanken -
die Ruhe zärtlich feierten
die das Unabänderliche
neben anderem zu bieten hat
da hast wohl auch du
dich nicht sehr gefragt
warum wir in der Niederlage
gegen die Schlagkraft
des Verstandes
so glaubhaft jubilierten.

Da geblieben!

Da war das
backenwarme Zwischendrin.
Nach Blumen und nach Korn
stand mir die Welt
und tat sich schwer
weiter rundzulaufen.

Ich soff dich aus
und taumelte
kornblumenblau
geradewegs
ins allernächste
Abseits.

Höchst missverständliches Kindergedicht

Lutscher liebt Zuckerwatte
doch Zuckerwatte liebt Lakritz.

Lakritz steht auf Rosa Kringel
doch Rosa steht auf Marzipanschwein.

Marzipanschwein schnüffelt gerne Praline
doch Praline öffnet sich nur Gummibärchen.

Aber Bärchen brummt sich am liebsten
ohne Gummi in die Wabe der Honigbiene
die stachelt ihn an bis zum Zuck-Erguss.

Die Fremde auf der Galerie
oder
Ingmar B. lässt vergeblich grüßen

Viel Freiraum war da
vorn und hinten
leere Stühle noch und noch
in enger Reih und
engem Glied
und schräg unten
dieses missverstandene
Jazzkonzert.

Dann plötzlich sie
in dieser ganz unmöglich
zufälligen Berührung
beim Zurücklehnen
auf eine nicht allzu überstürzt
sich flüchtende Hand.

Mein Lächeln des Bedauerns
- wofür auch immer -
mit wohlerzogen scheuem
Blick und eine Ahnung
von der Weiblichkeit
die Platz nahm in der Leere
all der Stühle um mich, in mir
ausgerechnet so ganz nah
in meinen Rücken.
Gefallen.

Und dann
die weggefegte Ruhe
ungereinigt
wieder einkehren lassen
getarnt als höfliches
SCHWEIGEN.

Spaziergang mit einer Unbekannten

Du gehst
wie meine Worte
neben mir.

Ihr scheint euch zu verstehen
wisst, wie ihr miteinander
umzugehen habt.

Auch deine Worte
gehören offenbar zu euch -
und wo bleibe ich?

Als Opfer meiner Sucht
liege ich verwirrt
bereits ein Stück voraus
im Hinterhalt
zum Mord bereit
an deinen, meinen Worten
beim Zusammenprall
der Lippen.

Nicht ganz nutzlos

Wir kommen uns gerade recht:
du, verblühendes Prachtstück
der tarngefärbten Ehegattung
liebeshungrig, mutterrollensatt
längst verlassen ohne Aufsehen
vom Daddy deiner mittelreifen Kinder
in Richtung Golfklub und Gemeinderat
und ich, verglühender Poet
von dem die Welt sich
auch nichts Nützliches erwartet.

Das wird was werden
wenn wir uns zusammentun
ganz nah auf unserer Suche
nach einem Rest von Sinn.
Wir werden durch die
grandiosen Schluchten
unserer Lüste toben
und der alten Erde zeigen
wie heftig sie
noch beben kann.

En passant

Da war etwas
das konnte gar nicht
weitertragen
als bis zur nächsten Wand.

Es war kein
ausgeglichener Flug
war herrlich steil
gleich zu Beginn
und nützte so
den von uns zuvor
bemessenen Raum
zum sanften Gleiten
auf das Hindernis
an dem wir
nicht zerschellten.

König Lingus

Das haben wir jetzt
auch noch rausgekriegt:
dass mein überflüssiger Bart
genauso lang am Leben ist
wie dein überaus flüssiger Leib.

Lass ich mich tiefer gehen
ist da zum Überfluss
die krause Parallele
im Sweethaar ums Nirwana.

Wozu auch immer -
da stellt sich keine Frage
in den Weg, wenn zu ihrem
Vierteljahrhundertjubiläum
unsere Lippenranderscheinungen
ineinander überfließen.

Wohlerzogen?

Im Kopf die Hand davor
ohne schwere Schwüre
nicht hinwegzuheben.
Soll etwa Hochzeit sein
bevor die Kompassnadel
des Kreiselns und
erregten Schwindels müde
ihr Standfest feiern darf?

Der Herrgott hat
von deinen aneinander
festgeleimten Knien
auch nur die erkenntnislose
Außenansicht - untauglich
für Vergebung.

Vergiss ihn
und eröffne dich.

Über die Dynamik von Betträndern

Natürlich diese Rituale
natürlich Edvard Grieg
und Jazzballaden
natürlich neben ernstem
Reden über dieses und ...
jener unbedarfte Scherz.

Natürlich zieht Frau Eros
unsere verschlungenen Kreise
und lockt uns an den Rand des Betts
von wo es höchst angeblich
kein Zurück mehr gibt.

Natürlich sind wir gut erwachsen
und zücken nicht gleich
alles oder nichts
zerpflügen bis zur
Heiserkeit der Geister
deine und auch andere
wohlgestaltete Gedichte.

Und dann, ja dann
im Angesicht des
Sich-so-unvermeidlich-Näherns
da sage ich, wie vorher schon:
allein sein circa so demnächst
wäre sanft in meinem Sinn.

Ach, wie schnell
wird man doch zurückgestuft
auf Arschloch Nummer Null.

Falsches Gewicht

Das, was da war, war gut
und wäre gut geblieben
hättest du die wahren Worte
die ich dir vorher sagte
nicht leichter gewogen
als deine eigene Wahrheit.

Die Sympathie für dich und das
was dann mit uns geschah
ermöglichte das kleine Wunder
mit dem uns zugelassene Nähe -
zumal im höchst konkreten Sinn -
immer wieder staunen macht.

Doch für das große Wunder
einer fiebrigen Begegnung
die in die Liebe überlebt
war nur in deinem Denken jener Platz
der in meiner Wirklichkeit
seit schöner langer Zeit
hochwillkommen besetzt ist.

Schon deshalb hatte ich
nicht den geringsten Grund
dir anderes zu sagen
als das, was ist.

Zensur

Ich will sie nicht mehr reden lassen
zum tausendundzweiten Mal
wenn es wieder um ein Hoffen geht
aufs Überleben ihrer Liebe
und sie nicht merken wollen
dass sie bereits
am Obduzieren sind.

Wetterhäuschen

Wenn Frauchen
gut drauf ist
wird Männchen trübe
und verkriecht sich.

Wenn Männchen
strahlt vor Wonne
drückt sich Frauchen
in den Hintergrund.

Wenn Frauchen
sich traurig bedeckt hält
läuft Männchen auf
zu großer Form.

Wenn Männchen
Kummer hat
wird Frauchen bunt
vor Mutterglück.

Gelegentlich, unter
unentschlossenen Wolken
verharren beide auf der Schwelle
als wüssten sie nicht aus noch ein.

Dann ist es, als
träumten sie sich
regungslos zurück
voraus in eine ferne Nähe.

Traumhaft dauerhaft

Damals
war der Magen
durch und durch
geschmeidig von den
vielfältigen Gängen
der Liebe.
Immerschön
entfaltete sich
im gutgelaunten Bauch
nichts anderes
als der Flügelschlag
der Schmetterlinge
in
Traumhaft.

Heute
stopft es, drückt
und säuert es
schleicht es, kracht
und riecht es
nimmerschön
nach
Dauerhaft.

Während sie's tut

Verrecke doch in deinem
angestauten Saft
lass dich sonst wo aus
nur nicht in mir
schon wieder
mit dem Ruckzuck -
hat die Hausfrau
wohl noch ein Recht
zu denken.

II

Da ist, da war
da wird sein
eine Liebe, die sich
Liebe nennen darf

Freier Fall

Ich kenne nicht den Grund
will ihn auch nicht suchen
ich weiß nur, dass es gut war
wie wir uns verhielten.

Es macht kaum Sinn
sich gegen einen Sog zu wehren
der nichts als die von uns
ersehnte Tiefe bringt.

Ist denn der Grund
auf den wir kommen
wenn wir uns fallen lassen
nicht Grund genug
uns fallen zu lassen?

Zusammenleben
in größeren Räumen

Steigst du
steige ich
herab vom Olymp
aus deiner
meiner Ferne
treffen wir uns
in den wunderlichen
Niederungen
unserer unabhängig
gescheit gescheiterten
Gedanken.

Und dann vielleicht
in deiner, meiner Nähe
wachsen unseren Kopfgeburten
doch noch Hand und Fuß.

Du hältst was aus

Seit fast zwei Jahrzehnten
dichte ich dich jetzt schon an
werfe Würfe in die Welt
die's weiß Gott in sich haben.

Da liebt es, sehnt es
freut sich's nur so rum
da duftet es nach Ewigkeit
und nach immer Neuem.

Und du? - Du bleibst gelassen
fragst nicht, sorgst dich nicht
lässt es in mir mit dir geschehen
und findest gut, was gut ist.

Wach geblieben

Woher die Tiefe
deines Schlafs?
Liebst mich wohl
so ruhig
wie ich dich.

Hingewachsen -
nicht hingenommen

Was nicht mehr ist
wie es am Anfang war
das darf bei uns
so sein, wie es ist.

Abschied im Winter

Die Ferne, die du in Angriff
nimmst, ist ernst zu nehmen.
Auch die ungeklärte Traurigkeit
die dir durch den grauen Schnee
vorausfahren wird.

Du wirst dich schon beim Abschied
auf die Rückkehr freuen
in das warme Haus des Lachens
und der Ruhe, wirst meine Sehnsucht
nicht als Last empfinden.

Verwirrung

Wenn du morgen
wieder da bist
wird alles
beim alten sein
wo das Neue
immer
um die Ecke
schaut -

pardon!

wenn der Morgen
wieder da ist
wirst du, mein Alles
beim Alten sein
der ständig
um die Ecke schaut
nach was Neuem -

pardon!

wenn du morgen
widerlicherweise
nicht mehr da bist
wird sich dein Alter
um alle Ecken bringen.
Das wäre doch
was Neues.

Gut angelegt

Wir warfen unsere
Zuneigungen
wehrlos
in einen Topf
wo sie sich
vermehren mussten.

Vom unterdessen
fetten Konto kann sich
jeder von uns
die Geborgenheit
abheben
die er braucht.

Zum Jubiläum

Wir haben es
längst erkannt
du und ich
wir, der offenbare
glücksbegabte
Dauerzustand:
die Dehnbarkeit
nimmt zu
je weicher wir
uns machen.

Dürfen, müssen, sollen

Dass du mir fehlst
macht mir mehrere
Probleme:

Erstens, dass du
mir nicht fehlen
solltest.

Zweitens, dass du
mir nicht fehlen
müsstest.

Drittens, dass du
mir nicht fehlen
dürftest.

Viertens, dass du
mir fehlst.

Traurig wahr

Du bist so fern
in deiner Trauer
um den Menschen
der dir nahestand.

Wie gerne würde ich
dir folgen
um deine Nähe
wieder zu erlangen.
Doch die Trauer
will mich nicht -
dein Mensch
war mir zu fern.

Ich werde mich
gedulden müssen
bis die Trauer sich
von dir entfernt hat
und bleibe dir solange
ganz besonders nah.

An eine Freundin

Wem sollten wir
dankbar sein
außer uns selbst
dass das Übliche
uns nicht mehr
durch die Rechnung
streicht?

Der Empfang deckt sich
mit der Erwartung
wie das Erleben
und Empfinden
und die Köpfe rollen
in die Richtung
die wir beide wollen -
ins Gespräch
oder
in den Schoß.

Wiederbegegnung

Was wäre, wenn?
spielten damals
unsere Gedanken
mit dem Punchingball
der liebesfernen
Wirklichkeit.

Die Fragestellung ist
mit uns gealtert
und hat sich unbedenklich
eingelassen auf ein
was wäre gewesen, wenn?

Und lächelnd sehen wir
nach den vielen Jahren
am unveränderten Horizont
den Scherenschnitt
der unbewegten Bäume
immer noch schmerzlos
im Glutbad der Sonne.

III

Da ist, da war
da wird sein
der Mann ohne Aussicht
auf Einsicht

Haltungsfehler

Zugeneigt
nicht zugesunken
steht er da
in krummer Haltung
der längst verknorrte Baum
und glotzt aus
harzenden Augen
auf die geliebte
ferne Wiese.

Friedlich gesagt

Bedenkt doch, Genossen
beim Stammtischplausch
über degoutante Hängebusen
Zellulitis, fette Schenkel
schlaffe Arsche
und andere Weibermängel
bitte das Format der Bäuche
die eure hinten und vorne
leeren Hosen überquellen.

Tresen-Traum

Schnei' mir nur herein
verirrte Flocke
in mein hoffnungsvolles
Nachtbarland.

Wenn du antanzt
geht der Schlagbaum hoch
und Zoll für Zoll
wirst du mir näherschmelzen.

Und grenzenlos cool
werde ich dich entflammen
bis du keinen Ausweg weißt
als den kleinen Tod.

Schnee-Mann

I

Da passt sich einer kalt
deinen warmen Händen an
bis du frierst.

Lächelt aus tiefen
Kohleaugen
wie du willst.

Und löst sich bald
in deiner Sonne
auf ins Ungreifbare.

Schnee-Mann

II

Brauchst zum Überleben
so viel Kälte
dass die kleinste Wärme
dich sichtbar
in Gefahr bringt.

Manneskraft

Papa liebt dich
Papa ist stark.

Schau, wie lieb
und stark dein Papa ist.

Da ist er, ist er nicht stark
nun sei du auch lieb zu ihm.

Wenn du weinst
ist Papa nie wieder
lieb zu dir -
und vergiss nicht:
Papa ist stark.

Vater schafft

Kommt er nach Hause
von der Arbeit
während sie schwanger
Urlaub in der Klinik macht.

Schmiert er sich mühsam
drei Leberwurstbrote
zieht sich trostlos
ins geheime
Pornovideo rein
schuftet hart im Sessel
und stellt sich auch noch
selbst den Wecker.

Sichtung und Klarheit

Querbett erhüpft sich
der Hornabstoßer
unerbittlich
die Erkenntnis
welche Weiber
untauglich sind:
die, die sein
Horn abstößt.

Das schon

Drei Dinge braucht der Mann
der sein Deutschland
stramm zurückwählt
in die Sauberkeit der Rasse
und die Strenge der Moral
um sein Leben abzurunden:
ein lecker fülliges Negerweib
ein knospendes Thai-Prinzesschen
und eine störrische Lesbe.

Bermuda-Pilot

Erst schwebte er über ihr
dann flog er auf sie
rein, obwohl ihr Dreieck
nur zweischenklig war.

Abgefahren im Sessel

Schön war es schon
wie das deutsche Mädel
stramm gefedert
in der Hocke
mitten ins Gold
hineinfuhr.

Im Angebot der den Brettern
aufgeschnallten Backen
war allerdings
von Kanada bis Liechtenstein
noch wesentlich
Goldigeres dabei.

Macht, Gemächt, Ohnmacht

Wundern wir uns
doch einfach nicht mehr
warum so viele Frauen
der Erotik erliegen
die besessene Macht
so unverkennbar
den Schalthebelknechten
um Stirn und Lenden windet.

Ersparen wir uns
doch das Rätseln
warum ausgerechnet
schlaffe Pfeffersäcke
leere Eisbeutel
labernde Maultaschen
und windige Plastiktüten
unseren Schönsten
den Atem rauben.

Versuchen wir uns
doch nur vorzustellen
was jeder flehentliche Seufzer
aus gebeulter Kammgarnhose
was jeder hechelnde Vollzug
jedes finale Röcheln
nach plumper Enderlösung
dem Mächtigen an Macht
entzieht, die ohne Umweg
so mancher süßen Rächerin
in den taktisch offenen
Schoß fällt.

Hoffentlich vorübergehend

Wo seid ihr nur
hinverschwommen
Prinzessinnen
der dornigen Art?

Waren es so viele
Schlechte ins Kröpfchen
dass sie mit der Last
von Wackersteinen
den Druck der Erbse
schlicht erdrückten?

Habt ihr - ruggediguh -
zuviel Angst gehabt
vorm Blut am Schuh
beim Gang über die Leichen
der weinerlichen Prinzen
die nach dem Kreidefraß
längst wieder offen
sich die Mäuler lecken
nach Aschenputteln -
durch den Wolf gedreht?

Seid ihr den Zwergen
erlegen oder darf ich hoffen
dass ihr euch selber
wieder wach küsst
und anstellt, was *ihr* wollt
mit euerm Grimm?

In eigener Sache

Ich gebe es ja zu:
wenn mich die Muse nicht
aus freien Stücken
küssen will
dann greife ich
in längst verstaubte
Arsenale.

Da haue ich ihr
mit fester Hand
und weichem Hirn
auf den gewölbten Hintern
von dem ich weißgottwas
erhoffe, und sei es nur
ein lauer Wind.

Ich schmeichle
werbe, zwinkere
unwiderstehlich
wedle verführerisch
mit fernen Scheinen
verspreche ihr gar die Ehe
für kommende, ewige Zeilen.

Doch sie bleibt kühl
hat es wohl noch nötig
Distanz zu üben -
die kann ich längst
und komme
rächend reimend
zu dem Schluss:

Ich habe Genius im Überfluss
und scheiße auf den Musenkuss!

Doch die Muse -
ahne ich schmerzlich -
hat ausgeübt
und macht sich lächelnd
ihren eigenen Reim.

IV

Da ist, da war
da wird sein
ein Deutschland, das sich
gewaschen hat

Wiedervereinigt

Wir waren schon immer besser:
Woanders bricht alles
auseinander.
Bei uns bricht alles
zusammen.

Hirn verbrannt

Lieben musste ich dich nie
mein Zufallsvaterland.
Wozu auch? Hättest du's gespürt
mit deinem dicken Fell?

Nur einvernehmlich
mit dir leben wollte ich
nach sachlichem Vergleich
deiner Fehler mit den meinen.

Offen getragene Narben im Gesicht
stören mich nicht
hässlich ist die Make-up-Schicht
die dir immer schon so viele
auf die bleichen Wangen klatschten.

Nicht allzu heftig
hast du dich gewehrt
doch immerhin: ein Rest
von Scham blieb spürbar.

Jetzt, wo nicht nur die
von ewig gestern
sondern auch noch die
von ewig morgen
ums Verrecken
auf dich stolz sein wollen
schmilzt dein Widerstand dahin.

Du lässt dich nach und nach
zum senkrechten Helden verbiegen
und stehst auf dem Leim
der unterstellten Größe.

Mit Leichtigkeit trägst du den Stiefelmarsch
der neuen Sieg Heil!-Brüller
auf deinem unstabilen Rückgrat
verlierst Geruchssinn und Verstand
und dabei stinkt es wieder mal so deutlich
nach verbrannten Hirnen im Land.

Ausgewogen

Dass mein Volk
nicht ganz dicht ist
und nicht ganz denkt
geht mir zu nah.

Dass sich mein Volk
als das der Dichter
und Denker begreift
geht mir zu weit.

Völkisch dichter Gedanke

Das muss man uns lassen:
im Saufen sind wir
den meisten Rassen
überlegen.

Liter-arisch eben.

Deutschland den Deutschen?

I

Wehe, du kommst
von deutschauswärts
mit dem andern Dialekt.

Sie machen dir noch immer
aus unserm Reichtum
einen Minderwert.

Deutschland den Deutschen?

II

In meiner Kindheit
nannten sie mich 'Flüchtling'
obwohl ich keiner war.
Ich sprach nur anders deutsch
als die in Schwabendeutschland.

Später wurde ich als 'Preuße'
andern und mir selbst noch fremder
und bin auch heute noch
nichts weiter als willkommen
hier in Bayerndeutschland.

Am besten
auf nach Sachsendeutschland!
Dort bin ich 'Wessi'
und das stimmt.

Eitel Friede

Der Maxl versteht sich
mit seinem großen Bruder so gut
wie die Klasse Zwei A
mit der Klasse Zwei B.

Die Realschüler verstehen sich
mit den Gymnasiasten so gut
wie die Untergiesinger
mit den Obergiesingern.

Die Münchner verstehen sich
mit den Kölnern so gut
wie die Bayern
mit den Nordrhein-Westfalen.

Die Westdeutschen verstehen sich
mit den Ostdeutschen so gut
wie die Gesamtdeutschen
mit den Gesamtslawen.

Da wird sich doch wohl noch
der Maxl im Kindergarten
auch mit dem Ali gut verstehen!

... und rosenrot

Vor immer längerer Zeit
fielen die Blätter
der Weißen Rose
auf den kalten Boden
einer deutschen
Universität.

Zertreten von einem
deutschen Hausmeister
bluten sie heute noch.

(K)alter Kaffee

Haben wir das verdient
dass der braune Bodensatz
aus unseren doch längst wieder
kompletten Tassen im Schrank
hervorquillt und unsern
mühsam reparierten
Ruf bekleckert
bloß weil die Nachkriegsbürsten
naturgemäß zu wenig Borsten hatten
um den letzten Schmutz zu tilgen?

Tausendjähriger Wind

Da hat er ja gar nicht so
unrecht gehabt, der Adolf
mit seiner Planung:
sein Reich wird uns Arme
noch mindestens tausend Jahre
überwinden.

Aber bitte -
wenn schon einer
so rekordweltweit
nachstinkt
dann soll's schon
ein deutscher sein!

Fin de siècle

Aller Welt geht's nicht
besonders gut.
So soll es sein, sagt man
wenn ein Jahrhundert
sich sehnsuchtsvoll
räkelt im Sterbebett.

Doch woher nimmst du
Heimatland, die Pflicht
die Maulwinkel noch
um einen Zentimeter
tiefer hängen zu lassen
als der Rest der Welt?

Du bist so schlecht gelaunt
dass auch dein Einzeldeutscher
immer seltener
zu einem Lächeln findet
wenn es ihm
nichts bringt.

Gaudimaximale Entsorgung

Dank sei den gehetzten
Göttern der Television
dass sie ihre Halden
immer schneller
immer tiefer
baggern.

So kann sich das Giftgemisch
aus Komplexen und Kohlrouladen
unverdauter Geschichte
blähender Wisserei
und gasender Verdrängung
mit dem Lachzwang
übereinander
gegeneinander
auf west-östlichen
deutschen Diwanen
mühelos brüllend entsorgen
in eine schaurige Gemeinsamkeit.

Alles klar?

Der Stroessner Alfred
hat's immerhin
zum Diktator gebracht
in Südamerika.

Das schafft doch
einer aus Paraguay
nie und nimmer
bei uns.

Neuseeland den Neuseeländern!

Da sind wir schon
ein bisschen stolz
wenn ein Slalom-Mädel
namens Anneliese
(mit Opa aus Nürnberg
sagt der Kommentator)
als Neuseeländerin
der Weltelite davonfährt

An meine deutsche Mutter

I

Wer bin ich, dass ich
dir verzeihen dürfte
geliebte Mutter?

Warst damals jung
und ich längst
noch nicht
in unserm Leben.

Ein Volk
ein Reich
ein Führer!

Das hat auch
andere beeindruckt:
Mann und Gründgens
Heidegger und Benn ...

An meine deutsche Mutter

II

Da verlischt ganz schnell das Lagerfeuer
beim Bund der deutschen Mädels
wenn du der Jetztzeit die Leviten liest
und erlebnis- und erfahrungsklug
den braunen Bratensatz in deutschen Pfannen
gehörig an die Oberfläche rührst.

An die Kulturnation der Krämerseelen

Hättet ihr sie damals
nicht so billig vertrieben
müsstet ihr sie heute
nicht so teuer zurückholen:
Fritz Lang
Ernst Lubitsch
und so Wilder ...

Zum Beispiel Christa W.

Was habt ihr sie gelobt
und gepriesen
unsere literarischen
Brüder und Schwestern
in Nahfernost
als ihr noch sicher wart
diesseits deutscher
Stacheldrähte.

Was troff an kenntnisreichem
Seim aus den Spalten
eurer Feuilletons.
Was war das für ein
Sockelbauen und
Preisverleihen nach drüben.
Ohrfeigen für feige Ohren
von gefeilten Maulaffen.

Die, die euch dankbar waren
die nicht so Guten und die Guten
(die ihr nach wie vor nicht unterscheidet)
haben ein Recht, enttäuscht zu sein.
Der Fall der Mauer hat uns
gewiss nicht klüger gemacht, bloß euch:
Sturm habt ihr gesät und seid jetzt
hochbefriedigt über die windige Ernte.

V

Da ist, da war
da wird sein
das Kind und die Welt
die einander nicht verstehen

Du Tarzan - wir Hollywood
oder
Später Dank an die Neger von L.A.

Was hatte ich Kinokind
mit vor Staunen blauem Auge
nicht alles über Afrika gelernt
wenn Ich-Tarzan mich zu Du-Jane
happyendlich an der Liane
heimschwang nach vollbrachter
guter Tat, und der Kuss
der Baumhausfrau so herzhaft
schmelzte vor dem Background
eures Abend-Singsangs
die ihr auch heute noch
Statisten seid in L.A.

Sorry, Mariechen!

Wir mögen es natürlich
wenn eine Frau
alle Gitter überwindet
um in den Strom
des Lebens einzutauchen.

Doch wenn du
mit der kleinen List
in den Kinderaugen
ganz angelegentlich
am Zaun herumspielst
hinter dem der Fluss
so verlockend strudelt
dann ahnen wir, dass du
den Durchschlupf probst
- mit zwei Jahren
doch ein bisschen früh.

Verzeih den Rückpfiff
herrlich freches Mädchen
die Trainingseinheit
wird so bald wie möglich
nachgeholt - versprochen!

Am Vogelhaus

Das ist kindgerecht
wenn ich dir, kleiner Freund
über Blau- und Tannenmeise
Buchfink, Kleiber und so weiter
das Bunte vom Himmel
herabdoziere und du mir
mit dem Glucksen
deines kindlich
rohen Kehlchens
den einzig wahren
Vogel zeigst.

Kinderrätsel

Es stinkt zum Himmel
mal geruchlos, mal parfümiert
schweigt aus Kühlschränken
und sonst woher
macht manchmal pfft pfft
kugelt sich vor allem fernsüdlich
aber auch schon nahnördlich
immer näher, immer größer
setzt dir im Sandkasten
von Mutterhand ein Mützchen auf
lässt dich nicht mehr sorglos plantschen
und im Sonnenschein Libellen jagen
wird dir bald zu einem alten Lied
das schon wir als Kinder nicht verstanden
eine neue, traurige Zeile erfinden:
Feuerland ist abgebrannt
Maikäfer flieg!

Wundersame Vermehrung

Als wir Kinder waren
gab es eine einzige Welt
und niemand glaubte
einen Grund zu haben
uns zu sagen
wir müssten sie erhalten.

Jetzt sind es
zwei mehr geworden
und alle Welt hat Angst
es könnten drei
weniger werden.

Inzucht

Da deckt das eine
schwarze Schaf
das andere
und beide wundern sich
dann öffentlich
warum sie sich vermehren
und immer schwärzer werden.

Rückgetreten

Wenn sie doch anstatt
verbremster Blähungen
immer wieder mal
ein paar Federn ließen -
man müsste ihnen nicht
für eine letzte Nichtigkeit
den Amtsanzug
vom Leibe reißen.

Die Nacktheit drunter
ist so schauerlich
dass keiner sich
aus freien Stücken
den Anblick und Geruch
antäte.

Balkan-Kill

Der Jugoslawe
um die Ecke
ist jetzt entweder
Serbe oder Kroate
seitdem sie sich
da unten serbokroatisch
um die Ecke bringen.

Augen zu und durch - gefeiert!

Das war ja wohl schon
ziemlich viel verlangt
einen ganzen Fasching
dranzugeben
bloß wegen einem
bisschen Krieg am Golf.

Wie klug, dass dann
im Jahr darauf
die Balgerei am Balkan
nicht gleich wieder
Anlass war
für einen Abpfiff.

So lange aus dem Tritt
gelänge uns heuer
wo Jugoslawien noch weniger
schön geworden ist
kein Deutschland
wie es singt und lacht.

Und das gerade jetzt
wo Fröhlichkeit so nottut
um die Trauer abzuwürgen
die uns befällt beim Gedanken
an unsere zerbombten
Campingplätze.

Rückadresse

Wie schön, dass ihr
so tief betroffen seid
Trauer verlautbart
Abscheu zu Protokoll gebt
und blitzblankes Entsetzen
in die Mikrophone träufelt
wenn irgendwo
gemetzelt wird
mit euren Waffen.

Wie schön, dass ihr's
begriffen habt:
ihr müsst aus euren Herzen
keine Mördergruben machen
- sie waren es vorher schon.

Heuchelwort

Abscheu?
Ich kann es
nicht mehr hören
das Routinewort.

Abscheulich
sind sie wahrlich
die Vergewaltiger
im uns so nah
und fernen Krieg
in Bosnien.

Tut nur nicht so
als wüsstet ihr nicht
dass die Täter
ganz normale
Männer sind.

Cuba libre

I

Gesoffen und gehurt
habt ihr gerne dort
Stier- und Ledernacken
aus dem prüden
gotteseigenen Land.

Die Puppen durften tanzen
vor eurem trüben Blick
dem Fastfoodbauch
und den Baseballkappen
aber keine Revolution
auf euren Pappnasen herum.

Cuba libre

II

Warum nur tut man den klugen
beweglichen Hasen so unrecht
mit der Vorsilbe Angst
wenn sich ein weltweiter Held
noch immer panisch fürchtet
vor einem sehnsüchtigen
Inselkind, dem er schon
vor Jahrzehnten mit Macht
den schleichenden Tod
in die Zuckernerven blockte.

Möglicherweise blasphemisches Gebet zur Herbeiführung einer Weltrevolution

Ach Herrgott, sei doch so frei
und schenke den Huren die Freiheit
die Wahrheit zu sagen
und nichts als die Wahrheit
über ihre Freier.

VI

Da ist, da war
da wird sein
der Schauder und die Flucht
in den Blödsinn

Fleisch und Wurst wahren!

Die Pfalz den Pfälzern
Frankfurt den Frankfurtern!

Kassel dem Kassler
Thüringen der Thüringer!

Polen den Polnischen
Wien den Wienern!

Lyon der Lyoner
Paris dem Pariser!

Deutschland den Deutschen!

Lyrik an die Front!

So dumm der Krieg
so krumm der Sieg
so grauer Sam
so sauer Gram.

Wo Geist entschwund
wo auf der Mund
wo Wahrheit blieb
wo Menschenlieb'?

Da horten wir
viel Sorten Bier
und ham's kein Brot
in vieler Not.

O Gott im Himmel
du weißer Schimmel
reit nach Herzegowina
und mach ein End dem Kriege da!

Modernes Gedicht

Hänge matt
überm Dottersumpf
teilweich liebeswürdig
kopfe ich die Eier
als schales Opfer
eines Selbstworts.

Weitgehend grasvernarbt
feiere ich ulkullisch
ein Niet- und Nagelfest
mit Saukraut
halbem Ganz und
Worthülsenfrüchten.

Casablankbleich
humphreyere ich
in den Bogarten
schreite erweichert
über die Quellen
des Bild-Dungs
und brüllaffne mich
in Richtung weisend:
Komm Post!

Vergeblichen.

Gretchenantwort

(nur für außerordentlich Gebildete)

Faust I und II auf den Tisch
und - Hallelujah - Gretchens
Antwort würgt sich durch
den blassen Hals ... so nicht!

Da braucht's die grimmig bange Frage:
Siehst du den schwarzen Hund
durch Saat und Stoppeln streifen?
gestellt vom Oberfäustling selbst
sieht der doch sein Picknick
mit dem blonden Blauauge
beim Osterspaziergang in Gefahr.

Kaum steht der teuflische
Teigwarentopf
in der stoppeligen Saat
ist er schon da, der Pudel
negiert des geographisch
gebildeten Meisters Befehl
Hund - du kusch!
und frisst drauflos.

Den Faust ballt eine wilde Wut
Mephisto kichert von fern
da schwingt sich doch wirklich
das magenschwache Gretchen
zur nie erfragten Antwort auf:
der also isst die Nudeln gern!

Selbst-Los

Es geht, wie es geht
wie es immer ging.
Da dichtet sich einer
rauchend und saufend
durch die halbe Nacht
halb zu Tode
und die Welt
kriegt trotzdem
keine ganze Ahnung.

INHALT